Kaaitiboo ma Willy! Te man teraa ngai?

Te korokaraki iroun Tuti Siregar

Te korotaamnei iroun Caitlyn McPherson

Library For All Ltd.

E boutokaaki karaoan te boki aio i aan ana reitaki ae tamaaroa te Tautaeka ni Kiribati ma te Tautaeka n Aotiteeria rinanon te Bootaki n Reirei. E boboto te reitaki aio i aon katamaaroaan te reirei ibukiia ataein Kiribati ni kabane.

E boreetiaki te boki aio iroun te Library for All rinanon ana mwane ni buoka te Tautaeka n Aotiteeria.

Te Library for All bon te rabwata ae aki karekemwane mai Aotiteeria ao e boboto ana mwakuri i aon kataabangakan te ataibwai bwa e na kona n reke irouia aomata ni kabane. Noora libraryforall.org

Kaaitiboo ma Willy! Te man teraa ngai?

E moan boreetiaki 2022
E moan boreetiaki te katootoo aio n 2022

E boreetiaki iroun Library For All Ltd
Meeri: info@libraryforall.org
URL: libraryforall.org

Te korotaamnei iroun Caitlyn McPherson

Atuun te boki Kaaitiboo ma Willy! Te man teraa ngai?
Aran te tia korokaraki Siregar, Tuti
ISBN: 978-1-922849-19-9
SKU02273

Kaaitiboo ma Willy! Te man teraa ngai?

Mauri, Ko kona n noorai?
Ko ataia bwa teraa ngai?
I mena i aan am booti.
I buubura riki nakon
am booti.
Arau bon Willy

I kona n rangi n tinebu n ai aron tinebun te bwati ae buuburakaei.
I kona n abwaabwaki ao n roko n abwakiia teniwaa bwaati aika a tei ni boorein.

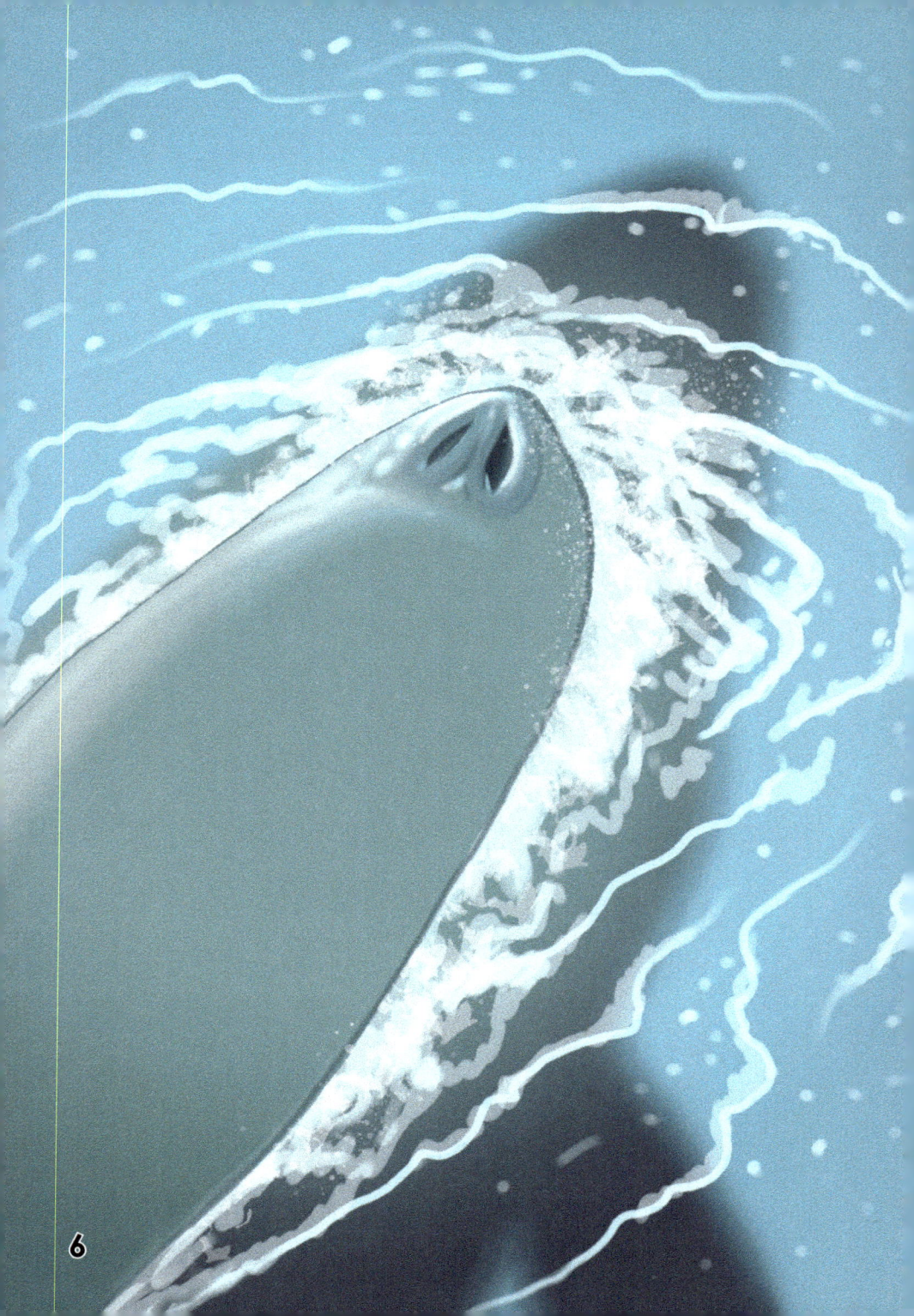

Buuki!
Iakea!
Kabwaraa te bure, ko a mwaimwai irou?
I kakatiinakoa te ran mani bwangabwangan aon kamouu. Te bwangabwanga aio bon au bwai n ikeike. Aanne arou n ikeike. I betirake nako aon taari ngkana I kan ikeike.

E rangi ni buubura
rabwatau ma I amwarake ni
bwain taari aika uarereke.
I taatangiria ni kana te
buroon, te riro ao te ika.
A kani kaakanii maan aika
buubura tabeman kuua
n aron te bakoa ke te tiire.

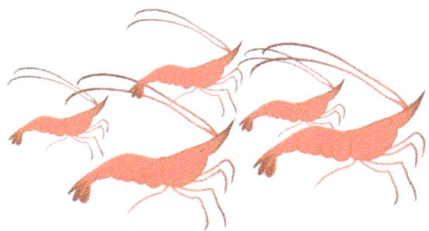

N tabetai ao ti buti ribuakon taari ae maangeange. Ti kona n aoraki ngkana ti kana te maange n aron te kaibiti ao te buraetitiki. Taiaoka tai karenakoa am maange i taari!

Ko kona ni kaboonganai titiraki aikai ni maroorooakina te boki aio ma am utuu, raoraom ao taan reirei.

Teraa ae ko reiakinna man te boki aio?

Kabwarabwaraa te boki aio.
E kaakamanga? E kakamaaku?
E kaunga? E kakaongoraa?

Teraa am namakin i mwiin warekan te boki aio?

Teraa maamaten nanom man te boki aei?

Karina ara burokuraem ni wareware
getlibraryforall.org

Rongorongoia taan ibuobuoki

E mmwammwakuri te Library For All ma taan korokaraki ao taan korotaamnei man aaba aika kakaokoro ibukin kamwaitan karaki aika raraoi ibukiia ataei.

Noora libraryforall.org ibukin rongorongo aika boou i aon ara kataneiai, kainibaaire ibukin karinan karaki ao rongorongo riki tabeua.

Ko kukurei n te boki aei?

Iai ara karaki aika a tia ni baarongaaki aika a kona n rineaki.

Ti mwakuri n ikarekebai ma taan korokaraki, taan kareirei, taan rabakau n te katei, te tautaeka ao ai rabwata aika aki irekereke ma te tautaeka n uarokoa kakukurein te wareware nakoia ataei n taabo ni kabane.

Ko ataia?

E rikirake ara ibuobuoki n te aonnaaba n itera aikai man irakin ana kouru te United Nations ibukin te Sustainable Development.

librarforall.org